जब हम मिलना बन्द कर देंगे

तब हम कविताओं में मिलेंगे

आओ चाँद पे चाय हो जाये

चाँद पे चाय

राजेश तैलंग

वाणी प्रकाशन

प्रकाशन के उत्कृष्टतम 62 वर्ष

पेपरबैक पहला संस्करण : 2022
पेपरबैक दूसरा संस्करण : 2023
पेपरबैक तीसरा संस्करण : 2025

vaniprakashan.com

वाणी प्रकाशन

4695, 21-ए, दरियागंज, नयी दिल्ली-110 002

फ़ोन : + 91 11 23273167, 23275710

शाखाएँ

अशोक राजपथ, पटना-800 004, बिहार

कॉफ़ी हाउस कैम्पस, महात्मा गांधी मार्ग, प्रयागराज-211 001, उत्तर प्रदेश

महात्मा गांधी अन्तरराष्ट्रीय हिन्दी विश्वविद्यालय, वर्धा-442 001, महाराष्ट्र

sales@vaniprakashan.in
vaniprakashan@gmail.com

Chand Pe Chai
by Rajesh Tailang

ISBN : 978-93-5518-091-9
Poetry Collection

रेखांकनकर्ता : अनुप्रिया

मूल्य : ₹ 299

जी.एस. ऑफ़सेट, दिल्ली-110 095 में मुद्रित

वाणी प्रकाशन का लोगो मक़बूल फ़िदा हुसैन की कूची से

समर्पित

तुम्हें

राजेश तैलंग, के बड़े भाई, सुधीर तैलंग, ऊँचे दर्जे के आर्टिस्ट थे और एक नामवर कार्टूनिस्ट! मैं उनका प्रशंसक था। राजेश तैलंग भी शौहरत के हाईवे के राहगीर हैं। ख़ूबसूरत कविताएँ लुटाते आगे बढ़ रहे हैं। ये हाईवे शायद चाँद पर पहुँच कर रुके!

"डीयर राजेश, वहीं चाय पर मिलेंगे।" गुडलक!

—गुलज़ार

An actor is at most a poet and at least an entertainer.

–Marlon Brando

मेरी कविताएँ मत फाड़ना
ये दस्तावेज़ हैं इतिहास का
इन्हीं से तो जानेंगे
आने वाले लोग
तेरी सुन्दरता और मेरा पागलपन

अनुक्रम

तुम = दो अक्षर

मैं = आधा अक्षर

हम = ढाई अक्षर

तुम = दो अक्षर

गुल्लक

सिक्का–सिक्का जमा करते जाना
होता है दस्तूर
प्यार एक मिट्टी की गुल्लक
यूँ तो एक पैसा भी चुराना
मुश्किल है इससे
और वैसे
एक पल में तोड़ दो इसे!

गुल्लक बड़ी नाज़ुक होती है
मज़बूत होता है
न तोड़ने का इरादा
महफ़ूज़ रखता है
कच्ची गुल्लक को।

कहानी

हम साथ आये
एक कहानी बनी
हम दोनों अलग हुए
तीन कहानियाँ बनीं

एक तेरी कहानी
जो तुझे समझ आयी
एक मेरी कहानी
जो मुझे समझ आयी
और तीसरी
एक अनकही कहानी
जो बात कर लेते ज़रा
तो दोनों को समझ आ जाती।

असल छन्द

कहानी में एक आदि होता है
कहानी में एक मध्य होता है
और होता है एक अन्त!

कविता में होता है आदि ही अनन्त
और जो तेरे–मेरे मध्य होता है
वही होता है
कविता का असली छन्द

चुप्पी

बातों के बीच आ जाती
असहज चुप्पियों में
प्रेम प्रस्ताव रखता हूँ मैं
तुम चुपचाप ही
सहजता से
उसे ठुकरा देती हो
हमेशा

प्रेम

प्रेम नहीं है मेरे भीतर
प्रेम नहीं है तेरे अन्दर
हमारे दो शरीरों के बीच
जो रिक्त स्थान रहता है
प्रेम वहाँ रहता है
देह में तो रहती हैं–
ज़रूरतें

प्रेम न मेरे बोलों में है
प्रेम न तेरे बोलों में है
हमारी बातों के बीच
जो चुप्पी रहती है
प्रेम वहाँ रहता है
होठों में तो रहती हैं–
ज़रूरतें

ढाई सपने

ढाई अक्षर की गुफ़्तगू ही काफ़ी थी
काफ़ी लगती थी
ढाई बालिश्त की दूरी भी
दो लोगों ने मिलकर सजाये थे
ढाई सपने
एक कोना, एक बिछौना
और नीम–अँधेरे अपने
वो बिस्तर कब बिसात बन गया
शतरंज का खेल
जीत और मात बन गया
घर तो था एक ही पर
कोई कैसे ढाई घर चल गया?

बिन्दिया

देखता हूँ जब कभी मैं आईना
अक्स तेरा ही दिखायी देता है
और दिखती है
ऊपर आईने के कोने में
चिपकी हुई तेरी बिन्दिया
टाँगे रहती है तेरे चेहरे को
आईने के साथ।

कच्ची स्याही

किसी ने प्यार की मेहँदी लगाई थी
किसी ने इश्क़ का गुदना गुदाया था
मोहब्बत दोनों की सच्ची ही थी
लिखावट दोनों की सच्ची ही थी
फ़र्क़ इतना ही था फ़क़त
किसी की स्याही पक्की थी
किसी की स्याही कच्ची थी।

अभिनय

जब तुमने बात करना बन्द किया
मैंने ख़ुद से बातें शुरू कर दीं
मैं तुम्हें कुछ बोलता
फिर मैं ख़ुद ही तुम बन कर
जवाब देता

बातचीत ख़ूब जमती
और उसी मुग़ालते में
तुम्हें अस्ल में फ़ोन लगा कर
वही बात दोहराने की कोशिश करता
बातचीत
किसी और ही मोड़ पर चली जाती
तब यह एहसास होता
मैं कभी ठीक से
तुम्हारा अभिनय भी नहीं कर पाता

विलोम

अप्रेम, प्रेम का विलोम नहीं
प्रेम का पर्याय है
एक अक्षर का योग है
ढाई का साढ़े तीन है
जो गणित से भी
और व्याकरण से भी
बाहर है।

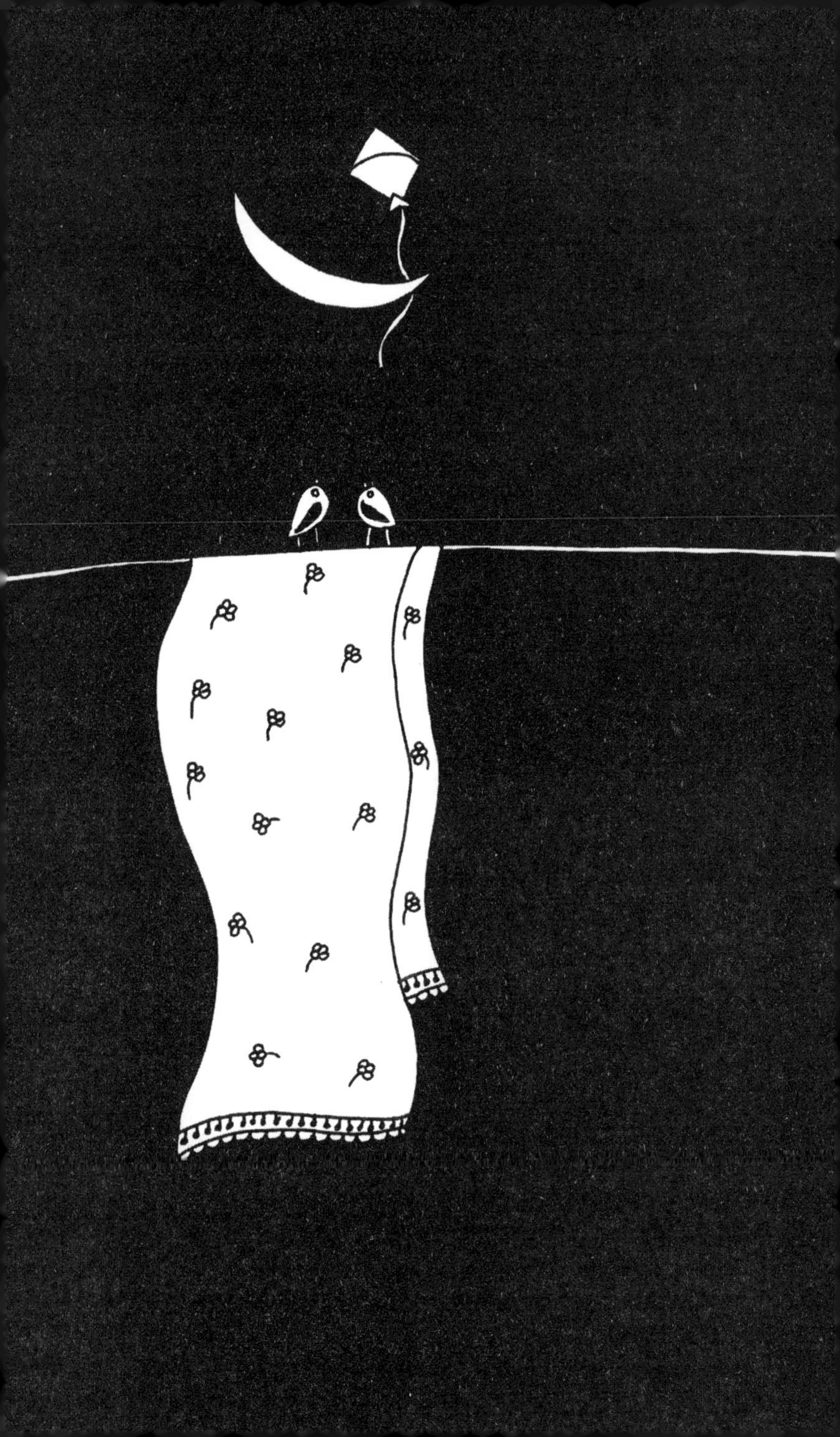

सूखती हुई, गीली चुनरी

पहली बार जब
छत पर चाँद उतरा था
तब दिन था
मेरी पतंग अटक गयी थी
एक सूखती हुई
गीली चुनरी से
तब बारिश हो रही थी
माँझे से कट गयी थी उँगली
लाल हो गयी थी
तब शाम हो रही थी
न चाहते हुए भी
खींच के डोर तोड़ दी थी

तब पहली बार
चाँद से नज़र मिली थी
तब पहली बार
गीली छत पर चाँद का कदम फिसला था
तब पहली बार
पतंग ने मेरा सन्देशा तुम तक पहुँचाया था।

मेरी तुम, तुम्हारा मैं

एक वक़्त था
जब ख़त लिखा करता था
'मेरी तुम' से शुरू और
'तुम्हारा मैं' से ख़त्म किया करता था

लिफ़ाफ़े में दो ग्राम रूह डाल कर
गीले बोसे से चिपका देता था
तुम्हारे नाम को
उँगलियों की पोरों से छू कर
कहता था–
'जवाब जल्दी देना'

कल मिले थे वो डाकबाबू
जो तुम्हारा जवाब लाते थे
पूछते थे–
"कहाँ गये वो गुलाबी लिफ़ाफ़े
जिन पर बने होते थे दिल
आजकल सिर्फ़ आते हैं
बिजली–पानी के बिल!"

दरमियान

उस आख़िरी मुलाक़ात में
मुझे जो कहना था मैंने कह दिया
तुझे जो सुनना था, तूने वही सुना
कुछ अल्फ़ाज़
हमारे बीच का फ़ासला
तय न कर सके, गिर पड़े
हम दोनों के दरमियान।

...अभी–अभी रेस्तराँ का बैरा
गीले कपड़े से साफ़ कर गया उन्हें
तेरे जाने के बाद।

महफ़ूज़

हमारी मुलाक़ात के दौरान
रेस्टोरेंट्स में कुछ एहसास
ख़र्च हो जाते थे
और फिर
कुछ रेज़गारी बच जाती थी
उसे घर ले आता था
जमा कर लेता था
मिट्टी की गुल्लक में

अब उस में बचे
कुछ छोटे सिक्के
चलन में भी नहीं रहे
और बड़े सिक्कों से तो
तुम्हारी पसन्द की
चॉकलेट भी नहीं आती
एहसास की चिल्लर की क़ीमत
आज दो पैसे की नहीं रही

हाथ थामे रहो

हाथ थामे रहो
उँगलियों को उलझने दो
हाथ थामे रहो
मुश्किलों को सुलझने दो
हाथ थामे रहो
पसीने को महकने दो
हाथ थामे रहो
हथेलियों को बहकने दो
हाथ थामे रहो
खींचा–तानी सी लगी है
हाथ थामे रहो
यहाँ भीड़ बड़ी है
हाथ थामे रहो
अब भी एक साँस बाकी है

हाथ थामे रहो
ज़िन्दगी का एहसास बाक़ी है

लॉन्ग ड्राइव

दोबारा गर मिलो मुझसे
कोई निशानी न छोड़ कर जाना
जाते हुए सारी ख़ुशबू अपनी
फिर से बालों में क्लिप कर लेना

देखना कहीं भूल कर भी
फ़क़त एक बाल भी तुम्हारा
टूट कर, न छूट जाये पीछे कहीं
और मैं उसमें कोई
मन्नत न बाँध बैठूँ

मेरी कार की सीट से
बैग के साथ
अपना ख़याल भी उठा ले जाना

ख़्वाबों की लॉन्ग ड्राइव पर
न निकल जाऊँ कहीं मैं।

बे-टिकिट

ज़िन्दगी के सफ़र में
सामने वाली खिड़की पर
बैठी मिली थी वो

उसके उड़ते बालों से
वक़्त की रफ़्तार का अन्दाज़ा हो रहा था
वो मंज़र मेरी आँखों में
अब भी ठहरा हुआ है

आज भी
यादों के सिग्नल जब भी डाउन होते हैं
बे–टिकिट गुज़री बातें
हमसफ़र बन कर आ बैठती हैं
'ज़रा खिसकिए'
–कह कर जगह बना लेती हैं।

व्याकरण

बात कोई नयी नहीं
जो तुमसे कहनी है
सदियों से यही तो
कहना चाह रहा था

सदियों से तुम भी
वही तो सुनना चाह रही हो
वो बात तुम्हें भी पता है

किन्तु मैं प्रतीक्षारत हूँ
उस घडी का जब
मेरी वही बात
व्याकरण का
वस्त्र धारण कर पायेगी
ऐसे वाक्य–विन्यास का
केश–विन्यास बना पायेगी
और तुम्हें रिझाने में सफल होगी।

दिन में ख़्वाब

अभी तो रोज़ अख़बार आता है
कैसी ख़बरें लाता है
तुम्हें पता ही होगा
एक दिन तुम अख़बार आने से पहले
सुबह–सुबह अच्छी ख़बर सी चली आओगी
कहोगी 'बुरा ख़्वाब था जागो चाय पी लो'
और मेरा जीने का ख़्वाब पूरा हो जायेगा

जैसे, अभी मैं यह कविता तुम्हें भेजूँगा
और तुम कहोगी अपनी सहेली से–
'यह कब दिन में ख़्वाब देखना बन्द करेगा'

गुमशुदा

सब जानते हैं खोयी हुई चीज़
वहाँ कभी नहीं मिलती
जहाँ पहले रखी थी
फिर भी कोई बार–बार
अपनी ख़ुशियाँ ढूँढ़ने
तुझी तक चला आता हो
कोई दीवाना ही होगा वो

असली गीत

कब तुम वॉशरूम में
मेरा गीत गुनगुनाओगी
कब कोई दीवाना
गाँव–गाँव उसे गाता घूमेगा
कब कोई क़ैस उसे गा–गाकर
अपने कासे को आगे कर देगा
कब कोई लैला उसका लहू माँग लेगी–

फिर भी वो मेरा गीत गा रहा होगा

असल गीत काग़ज़ों में नहीं मिलते
वो तो दिल की नसों में बहते हैं

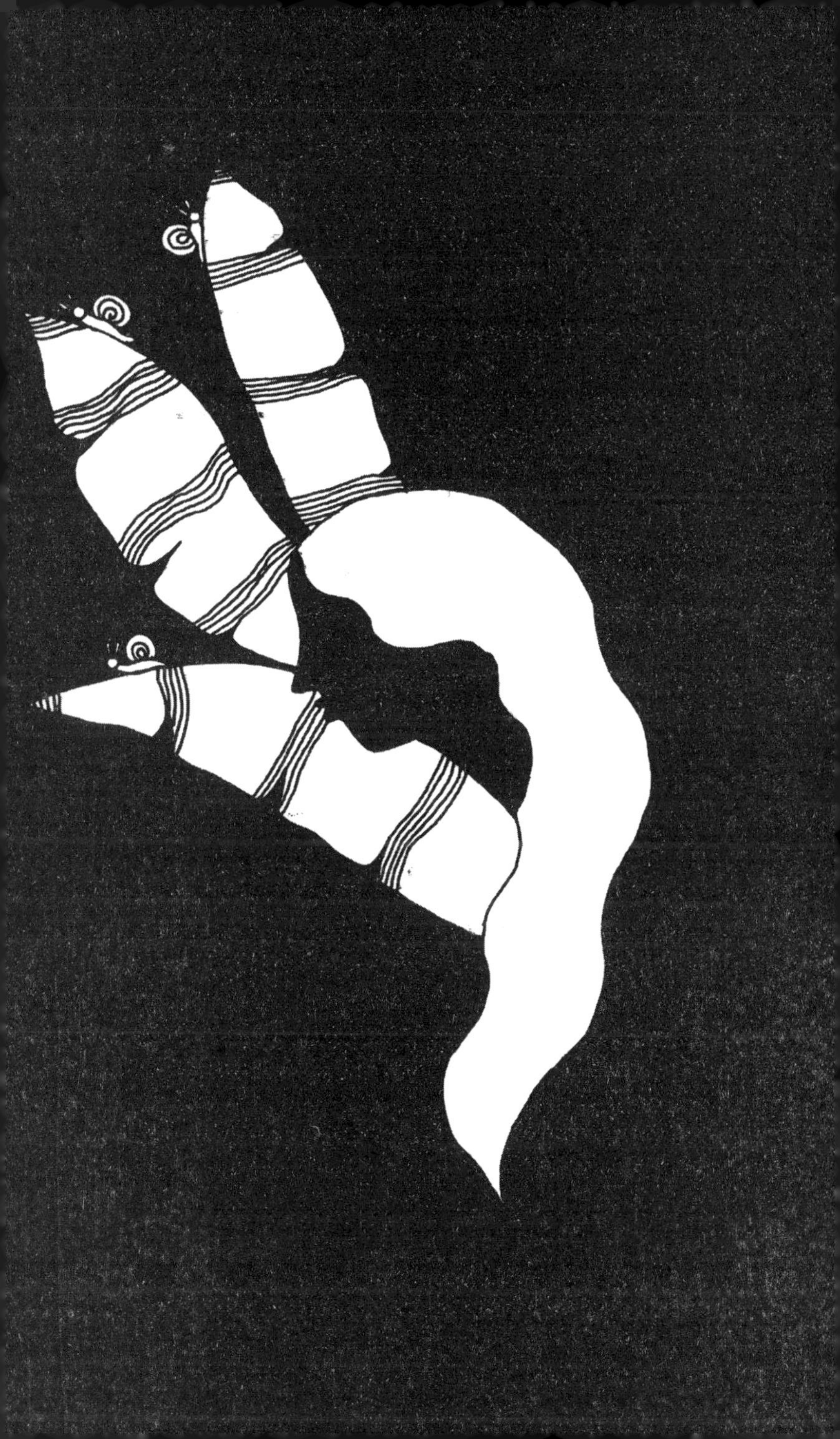

दीवाने का दीवान

तुम यूँ ही बेतकल्लुफ़
बाल घुमा के लपेट लेती हो
उसमें कोई उलझ जाता है
तुम्हारे बालों को
इसकी भनक भी नहीं लगती
तुम पेंसिल से अटका लेती हो
फिसलती रेशमी जुल्फ़ें
एक नज़्म लिख देती हो
फिर मिटा देती हो
कंघी से बालों को सीधा करके

ख़बर भी है तुम्हें?
दिन में न जाने कितनी बार
उस दीवाने का दीवान
लिखती–मिटाती हो तुम!

बेबस

अगर मेरा बस चलता
एक शब्द न होता
इस कविता में
तेरे सामने चुप बैठा रहता

अगर मेरा बस चलता
तेरी धड़कनों को सुनता
और मेरी धड़कनों के
बीच की बढ़ती चुप्पी
सुना देता

अगर मेरा बस चलता
यह कविता कभी न लिखता मैं

हसीन नज़्म

बातों से बात बनती नहीं
शुरू तो होती है
पर कहीं पहुँचती नहीं
तो हार कर अब
सुख़न को काम पर लगाया है
अल्फ़ाज़ में ज़रा इत्र उँडेला है
मिसरों को मिश्री खिलायी है
ज़बान से कान तक के सफ़र में
थोड़ा रक्स रखा है
मौसिक़ी की है
इक धुन गुनगुनायी है

कोई बात बने, न बने
परवाह नहीं रही
इसी बहाने
इक हसीन नज़्म तशरीफ़ लायी है

मुकम्मल

डायरी लिखता था
अपने लिए लिखता था
लिखना ही मुकम्मल था
पढ़ने के लिए नहीं थी वह
कविता लिखता हूँ
छपने के लिए नहीं लिखता
तेरे लिए लिखता हूँ
तू पढ़ ले बस
मुकम्मल हो जायेगी
हर अधूरी कविता

उम्र-दराज़

एक नज़्म है वह
उसके माथे पर उनवान की शिकन है
गालों पर हैं
मुस्कुराहट के मिसरे
वक़्त ने वरक़ मोड़ कर
हलकी सी झुर्रियों की सलवटें बना दी हैं
उसके होंठों पर मेरा नाम
अब भी चुप सा रखा है

आज मेरी नज़्म ज़रा और हसीन
ज़रा और उम्र–दराज़ हो चली है

निःशब्द

नन्हे, नाजुक, कच्चे शब्द
मीठे, प्यारे, सच्चे शब्द
घण्टी, घुँघरू, गूँजे शब्द
फूल, बेल और बूटे शब्द
जिबरिश जैसे टूटे शब्द
हिज्जे बिखरे, छूटे शब्द
तेरी पटर–पटर में हो गयी
मेरी कविता आज निःशब्द

मिल्कियत

तुमने मुझे कवि बनाया
एहसास तुमने दिया
ख़याल तुमने दिये
मैंने केवल लफ़्ज़ पिरोये
फिर नीचे अपना नाम लिखा
मालिक केवल नाम का हूँ मैं
हर नज़्म मेरी
मिल्कियत तुम्हारी
तुम पर सौ नज़्में कुर्बान
सारे का सारा दीवान

अभ्यास

मेरी जिस कविता में
तेरा एहसास न हो
तेरा ख़याल न हो
वर्णमाला सी आवाज़ करती है
सुलेख का अभ्यास लगती है

डेट

आज चुप हैं अल्फ़ाज़
बस ख़याल चीख़ रहे हैं
आज कोरा है कागज़
सिर्फ़ क़लम घसीट रहे हैं
कविता डेट पर नहीं आयी आज
और बस टेबल कुरेद रहे हैं

कैनवास

बहुत कविताएँ लिखीं तुझ पर
दो मिसरे कभी मुझ पर भी कह दे
ख़्वाबों के कैनवास पर
अक्सर पेंट किया है तुझको
ढाई लकीरें तो खींच दे
कभी आकर
मेरे दिल के सादे काग़ज़ पर

इतिहास

मेरी कविताएँ मत फाड़ना
दस्तावेज़ हैं यह, इतिहास का
इन्हीं से तो जानेंगे
आने वाले लोग कभी
तेरी सुन्दरता और मेरा पागलपन

हक़ीक़त के मकाँ

एक सपना हो
ख़्वाबों में आते हो
खुली आँखों में चले आने से
आसाँ लगता है
बन्द आँखों में चले आना तुम्हें,
अजब घुसपैठ करते हो
मेरी खुली आँखों की दहलीज़ पर
तुम्हारे क़दमों का बुलावा रखा है
हक़ीक़त के मकाँ को भी
कभी सपनों का एक घर दे दो।

हक़

चाँद का हक़ नहीं रहता
चाँदनी बाँटने के बाद
और फूल ख़ुशबू बिखेरते ही
अपना हक़ खो देता है उस पर
तुम ख़ुद पर हक़ क़ायम रखो
तुम्हारा हक़ है
लेकिन प्यार जो दिया था तुमने
उस पर मैं जताता रहूँगा
अपना हक़
हमेशा!

पहली तारीख़

उसके बालों की तारीफ़
बन्द कर देना चाहिए
बन्द कर देना चाहिए
उसके बदन की ख़ुशबू की तारीफ़

वो एक इन्सान है
उसे नयी कंघी भी लेना है
उसे साबुन भी लेना है
और मलना है इत्र भी

पसीना उसको आता है
बसों में जब वो धक्के खाती है
बाल उलझ से जाते हैं
जब वो काम से आती है

उसकी मेहनत में
उसकी उलझन में
उसकी तनख़्वाह में
उसकी तारीफ़ छुपी है
पहली तारीख़ को
वो कितनी सुन्दर लगती है

याद रहता है

मैं तुम्हें भूल चुका हूँ
बस मेरी कुर्सियों के हत्थे
याद करते हैं तुम्हारी कोहनियों क़ो
मेरी बालकनी की रेलिंग
याद करती है तुम्हारी एड़ियों को
दरवाज़े के कुण्डे
याद करते हैं तुम्हारी हथेलियों को
चाय का कप याद करता है
तुम्हारी उँगलियों की गरमाहट को
मुझे हर वक़्त याद रहता है
कि मैं भूल चुका हूँ तुमको।

मैंने भी

जब अल्फ़ाज़ मेरे पढ़ो तो
इतनी सी बात भी समझना
है दर्द जो उनसे रिसता–टपकता
वो सिर्फ़ नहीं है मेरा
मैंने भी जिन्हें ठुकराया है
शामिल हैं
उनके भी अश्क इन में

मैं = आधा अक्षर

दिल से पैदल

हम जो दिल से पैदल लोग हैं न
घर की देहरी से निकलते ही
दूसरा क़दम
सीधा चाँद पर रख देते हैं

घर लौटना अक्सर
मुश्किल होता है हमारा

मैं

मैं एक एहसास
मैं एक ख़याल
मैं एहसास से पैदा एक ख़याल
मैं ख़याल से पैदा एक एहसास
और दोनों के बीच जीता–मरता
मैं

इश्तेहार

कोई भी एहसास
दिल की गिरफ़्त से छूट कर
रुख़ करता है चेहरे का
रोक देता हूँ उसे वहीं फ़ौरन

लोग आजकल हर एहसास को
इश्तेहार समझते हैं

ऐक्टिंग

हम तो आशिक़ हैं प्यार के
जोड़े तो अख़बार में छपे
मैट्रीमोनियल्स भी बना देते हैं,
हम तो घर बसाने का शौक़ रखते हैं
मकान तो हर गली–नुक्कड़ पर
प्रॉपर्टी के दलाल भी बेच रहे हैं,
हमसे जब भी बात करो
नज़र मिला कर, दिल से करना
अभी किसी मंच पर हम ख़ुद
ऐक्टिंग कर के आ रहे हैं

लकड़ी की क़लम

चिता जला दी भावनाओं की
कविता बना दी भावनाओं की
बहा दिये फूल काग़ज़ के
मैंने गंगा में
मेरी मुक्ति मुझे
इक लकड़ी की क़लम से मिली

मेरे साथ

मैं जब घर में ताला लगाकर
निकलता हूँ काम पर
मेरे अकेले घर में
न जाने कौन छूट जाता है पीछे
इस्तेमाल करता है हर सामान घर का
चाय बनाता है
दो–मिनट में मैगी बना कर खा लेता है
ई–मेल चेक करता है
ऊँघ लेता है बिस्तर में ज़रा देर
कभी–कभी लगता है
लौट कर दरवाज़ा खटखटाऊँगा
वो मुस्कुराते हुए कुण्डी खोल देगा
और मुझे घर की लाइट्स जली मिलेंगी
स्विच टटोलने की ज़रूरत नहीं पड़ेगी
वो हाथ का सामान पकड़ेगा
एक गिलास पानी देगा
दिन का हिसाब लेगा

किसी के इन्तज़ार में बैठा
मेरा एक हिस्सा घर में हमेशा रहता है
और दूसरा हिस्सा रोज़ी–रोटी को भटकता है
मेरे साथ मैं रहता हूँ।

शख़्सियत

मैं हवा में तैरती अफ़वाह नहीं
चार लोग जो करते हैं
वो वाह नहीं
अकेलेपन की चुप्पी में
ख़यालात की चींटियाँ
रसोई से चुराया चीनी का दाना
किनारे रखकर
जो आपस में बतियाती हैं
मेरी शख़्सियत का असल ज़िक्र वही है

मैंने कई बार सुना है उन्हें
मेरे बारे में फुसफुसाते हुए

सब जायेंगे साथ

यह शतरंज है
एक चाल ग़लत
और मात!

यह शतरंज है
यहाँ प्यादे की क्या औक़ात
यह शतरंज है
कभी भी सिमट जायेगी बिसात
लेकिन तब
घोड़ा हो या हाथी
राजा हो या रानी
उस लकड़ी के डब्बे में
सब जायेंगे साथ

धुन

ज़िन्दगी को कहानी
समझ कर लिखने वाले
आगे निकल गये
ज़िन्दगी को कविता समझ कर
हम यहीं बैठे
उसकी धुन बना रहे हैं

कुछ

कुछ सोचा
कुछ एहसास किया
कुछ ज़ाहिर किया
कुछ कह न सका
जो कह न सका
उसमें कुछ लिहाज़ था
कुछ क़ाबिलियत की कमी

परफ़ैक्ट बैलेंस

शिकायतों की फ़ेहरिस्त बनाने बैठा हूँ
कागज़ के बीच एक लकीर बनायी है
एक ओर शिकायतें ख़ुद से
दूसरी तरफ़ शिकायतें ज़माने से
यह एक धड़ा हमेशा भारी हो जाता है
पर उस कागज़ से बना हवाई–जहाज़
परफ़ैक्ट बैलेंस के साथ
बालकनी से उड़ा अभी

ज़िन्दा ख़्वाब

छिपकली को झाड़ू से भगा रहा था
दुछत्ती में रखे कुछ
पुराने ख़्वाबों के पीछे जा छुपी
और वे टकटकी लगाकर
मुझे ताकने लगे
झाड़ू मारी
तो एक ख़्वाब की पूँछ
नीचे गिर कर नाचने लगी
ख़्वाबों ने भी ज़िन्दा रहने के
कैसे–कैसे तरीक़े ईजाद कर लिए हैं

वक़्त के डायल पर

उस रात, जब तारीख़ बदली
मेरा पाँव घड़ी पर पड़ गया
उसकी सूइयाँ, काँटे सी चुभ गयीं

अब वक़्त के डायल पर घिसटते पाँव से
दो चक्कर लगा लेता हूँ हर रोज़

सीरियसली

बस्ते की किताब को
बुज़ुर्गों की बात को
बचपन में पड़ी लात को
नसीहत की ख़ैरात को
दूसरों के जज़्बात को
हर दिन और रात को
हर एक मुलाक़ात को
जीत को, मात को
सीरियसली ले लिया
यूँ कुछ जी लिया
यूँ कुछ मर लिया

अन्दर ही अन्दर

आज ज़रूर किसी ख़्वाब का जनाज़ा उठा
आज ज़रूर कोई अल्हड़ एहसास दफ़्न हुआ
आज ज़रूर कोई बेबाक बात बीमार पड़ी
आज ज़रूर किसी बग़ावत की ग़रदन मुड़ी
आज कुछ और मर गया अन्दर ही अन्दर
वरना यह आँसू बेकार में टपका नहीं करते

क़ब्रगाह

बैठे–बैठे अचानक
कभी–कभी आँसू टपक जाते हैं
कहीं अन्दर
मेरे ही किसी क़रीबी हिस्से का
जनाज़ा उठता है
गले में गाँठ–सी पड़ जाती है
आवाज़ को फाँसी लग जाती है
एक और अज़ीज़ ख़याल
एक और नातेदार एहसास
दफ़्न हो जाता है
किसी को पता भी नहीं चलता
मेरे अन्दर एक कब्रगाह बनती जाती है

जुनून

अभी–अभी बेवजह टपके
एक आँसू ने कहा मुझसे
यूँ ही नहीं निकल पड़ा हूँ
तुम्हारे मरहूम जुनून की क़ब्र में
जा रहा हूँ दो फूल चढ़ाने

दो-चार

नहीं चाहिए
जनाज़े पे दो आँसू गिराने वाले
चार काँधे उसे उठाने वाले
मंज़िल तक पहुँचाने वाले

ज़िन्दगी की राह में
रोने के लिए
बस एक काँधा
ज़्यादा है दो–चार से

अँधेरे के नायक

उपन्यास हो, नाटक हो या हो फ़िल्म
नायक के अच्छे कामों पर तालियाँ
खलनायक के बुरे कामों को गालियाँ
किसी चरित्र के दर्द पर दो आँसू बहा लिए
फिर भूल गये और धन्धे अपने लग लिए
अँधेरे एकान्त में तो यूँ हर बार
नायक समझा है ख़ुद को हर बार

रुटीन

दीवार के परे से सूरज झाँका
घड़ी सराहने से
मेरी ओर देख कर गुर्राई
द्रवाज़े के नीचे से
अख़बार घुस आया
खिड़की ने करवट बदली
रसोई–घर में चाय
गुस्से से खौल उठी
गुसलख़ाने के नलों में
गरम पानी टहलने लगा
झाड़ू इतरा कर तैयार हो गयी
कूड़ा, घर से निकलने को
बावला हो गया
क्या कल–आज और कल में कोई फ़र्क़ नहीं है?

मार

तुमने मुझे क्यों मारा था माँ?
जब कंचे जीत के घर लौटा
जब पतंग छीन के घर लौटा
जब दोस्त की पेंसिल चुराई
जब बहन की खीर खाई
मेरे साथ के सभी बड़े बच्चे
अब भी यही कर रहे हैं
मैं अब तक क्यों तेरी मार से डरता हूँ
तुमने मुझे क्यों मारा था माँ?

नक़लची

गुलज़ार साहब,
मैंने की है आपकी इबादत
आज लेकर आया हूँ शिकायत
आपने क्यों लिख–लिख कर
चाँद को अपना कर लिया
यह जो मेरी महबूबा है मेरी
सच में एकदम चाँद लगती है
जब भी कहता हूँ यह बात उससे
वो मुझे नक़लची कहती है

टच स्क्रीन

तितलियों का रंग उँगलियों में छप गया था
नाली में कपड़ा ठूँसा जा चुका था
काग़ज़ की कश्तियाँ तैरने लगी थीं
माँझे पर सद्दा जुड़ चुका था
कंचे मिट्टी में छिपा दिये थे
बिल्ली के बच्चे को
मटके में रख दिया था
एक कटोरी दूध चुराया जा चुका था
हवाई जहाज़ बनाने का सामान
लोहे के बक्से में
क़रीने से रख दिया था
पूरे दिन का टाइम–टेबल
सेट हो चुका था
माचिस के टेलीफ़ोन से
दोस्त को ख़बर कर ही रहा था

तभी उसी दोस्त का व्हाट्स–ऐप मैसेज आया
बचपन अचानक, टच–स्क्रीन छू कर
अभी–अभी गुज़र गया।

परवाज़

मेरी खिड़की पर क़ब्ज़ा है
कबूतरों के एक कपल का
लाइफ़ चलाते हैं अपनी
अण्डे देते हैं, अण्डे सेते हैं
बच्चों को दाना खिलाते हैं
बड़े सब्र से उड़ना सिखाते हैं

कल, उनका एक बच्चा खिड़की से कूद गया
डरते हुए पहली लड़खड़ाती परवाज़ भरी उसने
माँ–बाप को अकेला छोड़ कर उड़ गया
एक बार भी मुड़ कर नहीं देखा
मेरी खिड़की से कूदे उस यंग कबूतर ने

अब मेरी पड़ोसन की विंडो पर
बनाया है उसने अपना कोंडो
दूसरी दुछत्ती से कूदी
एक यंग कबूतरी के साथ

यह भी माँ–बाप बनेंगे
जीवन चलायेंगे
अण्डों को सीने से चिपकायेंगे

गुटुर–गूँ लोरी सुनायेंगे
फिर उतने ही पेशेंश के साथ उड़ना सिखायेंगे
और अन्त में
अकेले रह जायेंगे

यू-टर्न

एक छोटे से शहर के
ज़िन्दादिल मोहल्ले की
सँकरी सी सड़क से चला था मैं

वहाँ जब भी कोई पीछे से
किसी को आवाज़ देता
तो फ़ौरन मुड़ कर बतिया लेता था
हर कोई, हमेशा, हर किसी से

और अब यहाँ इस महानगर के
चौड़े राजमार्गों, फ्लाई–ओवरों के गुच्छों से
रास्तों को रफ़्तार तो मिलती है
लेकिन जब पीछे से कोई
किसी को पुकारता है
तो यू–टर्न लेकर लौटने में
बड़ा वक़्त लगता है

कॉमन-मैन

डियर आदि,
तुम्हारे पापा सुपर–मैन नहीं हैं
न तो उतनी ताक़त है उनमें
और न वे उड़ना जानते हैं
सच के लिए भी नहीं लड़े वे
नाहीं दुनिया की हर बात जानते हैं
तुम्हारे सवालों के लिए
वे अक्सर गूगल, विकी और ढेरों किताबें छानते हैं
होते हैं कई ऐसे भी सवाल तुम्हारे
जिनके जवाब इनमें नहीं मिलते

पापा क्या बोलें?
फिर वे चुप हो जाते
सोचते इनका जवाब तुम ख़ुद खोज लोगे
पापा तो बस इतनी सी कोशिश करते
कि वे अपनी सोच का कूड़ा
तुम्हारे छोटे से बगीचे में नहीं डालते
बेटा तुम्हारे पापा एक कॉमन–मैन हैं
सुपर–मैन तो तुम हो आदि

लेकिन पूरी दुनिया तुम्हें भी
कॉमन–मैन बना देना चाहती है
और पापा उनसे भी नहीं लड़ पाते।

फिर

इन्तज़ार करो कविता
अभी तुम्हें नहीं लिखूँगा
अभी चुप ही रहूँगा
बस चुप्पी को चखूँगा
भरे हुए क़लम को लिए हाथ में
ख़ाली कागज़ को तकूँगा
इन्तज़ार करो कविता
अभी तुम्हें नहीं लिखूँगा
बस सोच को शब्द बन जाने दो
एहसास को स्याही में उतर जाने दो
जल्द ही मैं तुम्हें फिर से लिखूँगा

इन्तज़ार करो कविता
अभी तुम्हें नहीं लिखूँगा

कील

आज जब कल बन जायेगा
तब यादें साझा कर लेंगे
आज अभी आज ही है
बाँट लो इसे भी
कल होने से पहले
इसकी यादें और सुन्दर होंगी
ये आज जब
कल की दीवार की कील पे टँगेगा।

घोंसला

आज़ाद होना है तो
पंछियों जितना हो जाओ
जब चाहो सरहदों के पार चले जाओ
बन्धन समझना है तो भी
पंछियों के पास जाओ
जो लौट कर हमेशा
अपने उसी छोटे से घोंसले में आते हैं

उफ़क़

जिन्होंने भी मिलना चाहा
कभी मिल नहीं सके
ज़मीन–ओ–आसमान
कभी मिल नहीं सके
तुम यूँ ही टकराते रहना मुझसे
कभी ख़्वाबों तो कभी ख़यालों में
और कभी गली के उफ़क़ पर

परिक्रमा

प्रेम एक सीधी रेखा में
साथ चलने का नाम है
अगर तुम किसी की
परिक्रमा कर रहे हो
या कोई तुम्हारी
परिक्रमा में लगा है
तो ये प्रेम नहीं
अन्ध–विश्वास है

हम = ढाई अक्षर

*

सूद सहित चुका दिया रिश्ता
अब तो लौटा दो
जो गिरवी रखा है
तुम्हारे पास
मेरा दिल।

*

ज़रा सँभल के चलना
मैंने ख़्वाब तुम्हारे क़दमों तले
बिछा रखे हैं
ज़रा सँभल के सोना
कुछ अरमान मेरे
तकिये में छिपा रखे हैं

*

बदलूँ जो करवटें
तो चुभती हैं सलवटें
नींद चादर में समाती नहीं
शाम हो चली है फिर से
रात अपना बिस्तर लगाती नहीं

*

बिना तुम्हारे
ज़िन्दगी को इन्साफ़ न मिलेगा
जैसे कोई मर जाये
बिना गवाह के

*

बात पुरानी
ताज़ा आँसू
प्याज़ ज़िन्दगी
परत–दर–परत खुलती

*

उम्मीद जैसे गाँव की पगडण्डी
जो सड़क कभी बनती नहीं
लेकिन लोगों के गुज़रने से
रास्ता तो बन ही जाता है

*

इश्क़ है तुमसे
तुम ऐसी हो, इसलिए नहीं
जब तुम साथ होती हो
तब मैं कैसा होता हूँ, इसलिए
मेरी ख़ूबी, तुम!

*

हँसी भी अब नाप–तौल के आती है
लतीफ़े के वज़न पर नहीं
सुनाने वाले की औकात से आती है

*

आओ ज़रा मोल–भाव कर लें
मैं कितनी पालूँ उम्मीदें
तुम कितनी पालो उम्मीदें

*

रिश्ता एक तराज़ू
मेरी उम्मीदें एक पलड़े पर
तेरी उम्मीदें दूजे पलड़े पर
और काँटा बीच में

*

भूल से भी मुझे याद न कर बैठना
कहीं आख़िरी हिचकी न आ जाये

*

कल से यूँ बेरोज़गार
भटक रहा हूँ
कल चाँद ने अपने पर
कविता करने से
मना कर दिया था

*

अच्छे थे कड़की के दिन
खिड़की के दिन
उस लड़की के दिन

*

बहुत कुछ जमा है भीतर
सूद सहित आता है बाहर

*

प्रवासी पाखी के जैसे
निकल गया था प्रेम तेरा
झील में मछलियों का
शिकार करके

*

रश्क़ है मुझे सबसे
सब न जाने कैसे
तेरे बिना ख़ुश हैं

*

तेरे ख़िलाफ़ मुक़दमा
तेरी कचहरी में
बहुत नाइंसाफ़ी है यह

*

सपना टूटा और
रात अचानक नींद खुली
देखा पास ही
मेरी बाँह का तकिया बना कर
एक ख़्वाब सो रहा था

*

मेरे लफ़्ज़ कच्चे
कच्चा–चिट्ठा न बयाँ कर पाते
कच्चा कवि मैं
पक जाऊँगा
तुम ऐसे ही रहना

*

मेरे बुलावे की घण्टियाँ बजती रहीं
तेरे फ़ोन पर
तूने काटा नहीं कि मुझे बुरा लगेगा
फ़ोन उठाना तुझे पसन्द न था

*

टिमटिमाते तारों जैसे
चाँदनी की चाशनी में डूबे
मेरे अल्फ़ाज़, हर रात
तुम्हारा इन्तज़ार करते हैं कविता

*

आज लफ़्ज़ रास्ता भटक गये हैं
होंठों का दरवाज़ा भूल कर
आँखों की खिड़की से टपक रहे हैं

*

मेरी आस, किसान
तेरा प्यार, मानसून बेईमान

*

तेरे साथ ताक़तवर
महसूस करता हूँ
तू कमज़ोरी मेरी

*

हर रात झगड़ा
नींद और ख़यालात में
शिकस्त अक्सर
नींद की ही होती है

*

तू मिसरा–ए–ऊला
मैं मिसरा–ए–सानी
एक मुकम्मल शेर
तेरी–मेरी कहानी

*

मेरा प्यार पानी जैसा
ज़ायका ऐसा
बताना नामुमकिन

*

पूरा बदन भी कभी
बोझ नहीं लगता
और कभी काँधे पर रखा
हाथ भी भारी सा लगता है

*

मेरे ख़्वाबों की ज़मीन
तेरे सपनों का आसमान
जहाँ मिले हम, वहीं को चले
उफ़क़ के सफ़र कब तय होते हैं भला

*

आज़ाद परिन्दों ने
जब भी दाना डालने वाले की
नीयत पर शक़ बन्द किया
भूख तो मिटी लेकिन
पिंजरा साथ मिला है।

*

कौन कहता है
ख़त्म हो गयी है ग़ुलामी
इश्क़ में बिका
हर दीवाना हर दीवानी

*

तुम्हारे सूखे फूल
वापस भेज रहा हूँ
लौटती डाक से
मेरी कविताएँ भिजवा देना

*

पूरा दिल उधेड़ के रख दिया
बस अल्फ़ाज़ ग़लत निकले

*

उघड़ी नज़्में रास नहीं आतीं
ज़माने के रस्मो–रिवाज को
बोल दो कविता से
दुपट्टा ओढ़कर
घर से निकाला करे

*

दो आँसू
ढाई लफ़्ज़

*

मैंने उसके बराबर होना चाहा
मैंने यूँ ख़ुद को गिरा लिया

*

तुम साँस हो मेरी
लूँ, छोड़ूँ या रोके रखूँ?
लूँ? छोड़ूँ या रोके रखूँ?

*

मेरे मिसरे पढ़ के तरस न खाना
तुम वो नहीं

*

आँसुओं के चश्मे से
साफ़ नज़र आया वो
बेवफ़ा

*

मैं, मेरा ख़याल हूँ
काश कि तेरा होता

*

सुबह अकेलेपन को तलाशती है
दिन काम के लिए भटकता है
और शाम तन्हाई से भागती फिरती है

*

वो रिश्ते से क़ीमती चीज़ें ही होती होंगी
वरना उन पर बहस कौन दीवाना करता है

*

टुच्ची तकलीफ़ें
दिल को कचोटें
शायर की तहज़ीब
उन्हें नज़्म में बयाँ
होने से रोके

*

कविता किसी की मोहताज नहीं
लेकिन तेरे बग़ैर वो बात नहीं

*

वो बोसा दे के दूर हो गये
पान का बीड़ा बाँध कर
लौंग से लॉक लगा दिया

*

अमावस की रात पैदा हुआ मैं
मौत मुझे पूनम को आये
आस मेरी रही घटती–बढ़ती
अब आये, तुम तब आये

*

चाँद के पापड़ सेंकना
ज़रा नाज़ुक सा काम है
तुझे इकटक देखना
ज़रा नाज़ुक सा काम है

*

इक मंज़िल की जानिब चला था
तुम मिल गयीं किसी एक मोड़ पर
और फिर रास्ता ही मंज़िल हो चला

*

ईद गयी, चाँद काफ़िर हो गया
अब कुछ ही दिनों में बढ़ कर यह
तेरी शक्ल अख़्तियार कर लेगा

*

चेहरे जाने–पहचाने नहीं होते
पीछे बहते एहसास आशना होते हैं
जिस घड़ी एहसास बदलते हैं
रुख़सार रूखे मुखौटों से लगते हैं

*

ग़लत किया
जान कहा किये तुझे
जान किसकी रुकी है
जानी ही थी

*

बूढ़ा हूँ मैं पानी जितना
सागर जैसा चौड़ा सीना
ओस–बूँद सा जीवन मेरा
अश्क कमाई, प्यार पसीना

*

कहानी एक अफ़साना
छिपा जिसमें एक फ़लसफ़ा
कविता एक फ़लसफ़ा
जिसमें एक अफ़साना छिपा

*

रात होते ही शब्द
सितारों से टिमटिमाते
तुम्हारे इर्द–गिर्द जमा हो जाते हैं
कविता, तेरा चेहरा चाँद जैसा है

*

मेरा हृदय एक वृक्ष
आओ खरोंचों मेरा वक्ष
अपने नखों की धार पैनी करो
मैं समय के साथ
दूसरी छाल उगा लूँगा

*

यह तुमने कनखियों
और होंठों के किनारे पर
जो राज़ छिपा रखा है
तुम्हारी आँखों और लबों से
ज़्यादा ख़ूबसूरत है

*

बस जानता हूँ
इश्क़ क्या है!
पूछोगे तो
बता न पाऊँगा!

*

मैं जानता हूँ
किससे इश्क़ हैं तुम्हें
वही न, जिसका नाम
अभी ज़हन में
आया था तुम्हारे

*

एहसास के ग़ैर–मुनासिब बँटवारे का
हो सके जहाँ मुक़दमा दायर
बनी नहीं ऐसी कोई अदालत
वक़्त की तराज़ू ही उन्हें बाँटती है बराबर

*

खिड़कियाँ दीवारों की आँखें होती हैं
उनसे झाँकना देर तक अकेले में
दरवाज़े मन के खोल देता है

*

तेरा दिल है दरवाज़ा
और आगोश हैं दीवारें

ज़ुल्फ़ छतों सी
तेरा होना क्या है जैसे
एक मुकम्मल घर है मेरा

*

तुम मेरा अक्स हो
मैं तुम्हारा अक्स
लेकिन मिल नहीं सकते
आईने की दीवार कौन तोड़े?

*

तेरा साथ जैसे आदत
तुझसे दूर रहकर
जो करता हूँ वो
इश्क़

*

ख़्वाब पक रहे थे रसोई में
जिनकी ख़ुशबू
मेरी थाली में बैठी
ख़ूबसूरत लग रही थी
फिर हक़ीक़त परोसी गयी
अब उन सपनों का स्वाद
और उस सुगन्ध की याद
सूखी रोटियाँ निगलेगी

*

यादों की जलेबी में तुम्हारी
भिनभिना रही हैं मक्खियाँ
लफ़्ज़ों की
कविताओं की दुकान में बिक्री
आजकल कम है

*

कोई जाना चाहे तो
उठा के दरवाज़ा खोल दो
उसके लिए
किसी को बुलाना चाहो तो
दरवाज़ा खोल कर
दहलीज़ पर इन्तज़ार करो
क़यामत तक

*

गर नज़्म पढ़ते हुए
जुबाँ का ज़ायक़ा नहीं बदलता
तो बावर्ची को इल्ज़ाम देना

*

नज़्म वो नहीं
जो कागज़ पर लिखी जाती है
नज़्म वो कागज़ की कश्ती है
जो ख़यालात की बारिश में
एहसास की लहरों में
डगमगाती है

*

जब ज़िन्दगी की बारी आती है
तो अदाकारी की सलाहियत
कहाँ तेल लेने चली जाती है साली?

*

सुर्ख़ पथराई आँखों को आज
धोने का मन है
किसी के काँधे पे सर रख आज
रोने का मन है

*

तुमने मुझे
कुछ भी नहीं दिया
बस तुम्हारे होने ने
ख़त्म कर दीं
मेरी सारी ज़रूरतें

*

चेहरे जाने–पहचाने नहीं होते
पीछे बहते एहसास आशना होते हैं
जिस पल एहसास बदलते हैं
चेहरे मुखौटों से लगने लगते हैं

*

वक़्त चला जा तू
माज़ी की बाँह में
मुझको मुस्तक़्बिल
से अब भी है उम्मीद

*

अदाकार महफ़ूज़
महसूस करता है
विंग्स के अँधेरे में
लेकिन ज़िन्दगी
स्टेज के उजाले में है।

❏❏